El instante y la eternidad

Antología personal
(1999-2025)

Piedra de la Locura

Colección
Homenaje a Alejandra Pizarnik

Homage to Alejandra Pizarnik
Collection
Stone of Madness

Leticia Luna

El instante y la eternidad

Antología personal
(1999-2025)

Nueva York Poetry Press LLC
128 Madison Avenue, Office 2NR
New York, NY 10016, USA
Telephone: +1(929)354-7778
nuevayork.poetrypress@gmail.com
www.nuevayorkpoetrypress.com

El instante y la eternidad
Antología personal
(1999-2025)

© 2025 Leticia Luna

ISBN-978-1-966772-24-8

© Colección *Piedra de la locura vol. 24*
Antologías personales
(Homenaje a Alejandra Pizarnik)

© Publisher & Editor-in-Chief:
Marisa Russo

© Editor:
Francisco Trejo

© Layout Designers:
Francisco Argumosa
Moctezuma Rodríguez

© Cover Designer:
William Velásquez Vásquez

© Cover & Interiors Artist:
Katsumi Kurosaki
Impulso azul (cover)

© Author's photograph:
Marisa Russo (Interiors)
Secretaría de Cultura del Gobierno de México (Back Cover)

Luna, Leticia
El instante y la eternidad. Antología personal (1999-2025); 1ª ed. New York: Nueva York Poetry Press, 2025. 142 pp. 6" x 9".

1. Mexican Poetry   2. Latin American Poetry

All rights reserved. No part of this publication may be reproduced, distributed, or transmitted in any form or by any means, including photocopying, recording, or other electronic or mechanical methods, without the prior written permission of the publisher, except in the case of brief quotations embodied in critical reviews and certain other non-commercial uses permitted by copyright law. For permissions contact the publisher at: nuevayork.poetrypress@gmail.com

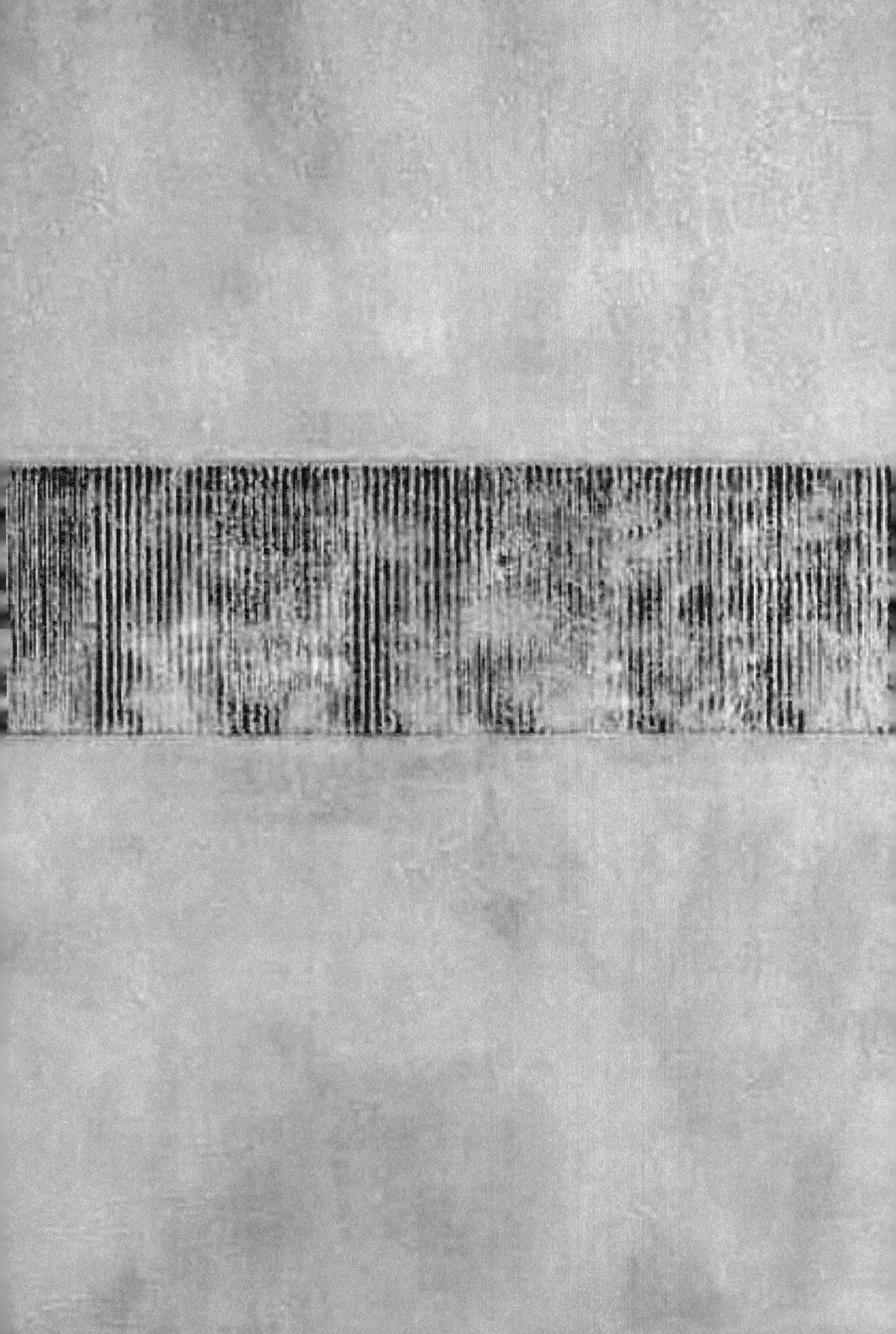

Obertura

*La higuera
en el invierno
se desgarra a sí misma.
La más joven hoja grita
su tránsito hacia el vacío
para crear su propia evolución.*

A mi madre, siempre.

Revelaciones en el Lago Titikaka

Para Yazmín Luna

I

Mi hermana y yo fuimos a Tiwanaku.
Ciudad de bellos basamentos piramidales
con su enorme escultura de la Diosa,
la Pachamama, la Puerta del Sol
y la Puerta de la Luna: misterios
en un viaje al pasado, al futuro;
hacia un lenguaje esencial, mitológico.

En el Arriba del Sol y la Luna
el camino de las rocas calladas,
bajo la presencia visible del mediodía,
el cenit, en la otra orilla, es puerta
del esplendor remoto de la ciudad celeste;
aquí lo vislumbramos:
        memoria de los partos
        en tumbas ancestrales,
        desde el enigma de diversos libros
        a la voz de los poetas herméticos
        y en recuerdos abiertos por zaguanes,
        de una casa donde modelábamos el mundo y sus batallas.

Desde Tiwanaku a Copacabana,
la visita a la Virgen: veladoras,
cruces y oraciones en el Santuario;
seguimos rumbo al lago Titikaka,
cruzamos en bote a la Isla del Sol,
poblada de llamas y alpacas,
de eclipses en los dictados del aire,
con sus niños de mejillas ardientes
        y palabras aymaras.

II

Mientras mi hermana duerme
yo miro hipnotizada a las nubes rojizas,
a las montañas, nevadas y cósmicas,
donde surgen estrellas
entre espejos de un lago primigenio
e iluminan la isla,
con terrazas de calles verticales:
   emergen claroscuros,
   iluminan el tránsito del día a la noche,
   4000 metros sobre el nivel del mar
   y con temperaturas bajo cero.

Parajes en el abismo y la altura
o entre el cielo y la tierra;
hacia la eternidad de cada instante
o en cada instante de la eternidad.
Poesía, eres el experimento
     del desvelo infinito.

III

Te busqué entre mis hierbas hieráticas;
te invoqué con ramajes y palabras extrañas;
me desdoblé y contemplé nuestras sombras,
me trascendí en la orilla de la isla lunar
recostada hacia arriba, vislumbré
vestigios del templo de las vírgenes antiguas,
reflexioné imploré deliré
el sueño me acogió en breves instantes.

De ese vacío surgió una pócima sagrada
en la tierra la vertió la presencia invisible;
su aceite formó una estrella fugaz
por una pausa sus destellos me encegueciron

        vi a las hijas de la Pachamama
        bordar cientos de tejidos simbólicos,
        (escritura habitada entre las telas
        de sus cosmovisiones).

Así desperté bajo el sol de junio,
estaba en el centro de los rituales;
la tierra cantaba en la ondulación
eterna de su voz;
mi hermana tomaba fotografías
        aquel lago flotaba en aquel cielo
        y el cielo se sumergía en el lago;
        su línea tenue separaba el mundo del agua
        del mundo celeste, pero debíamos volver.

El camino a La Paz fue entre silencio,
grande, seco, nocturno,
habitado por los sonidos del eterno
        Lago Titikaka.

Bolivia, junio de 2024

En la memoria azul del agua

Antología. Hacia un azul imposible (CEPE UNAM / Embajada del Reino de Marruecos /El tapiz del unicornio, México, 2023). *Plaquette* (Desliz ediciones, México, 2024).

Una obra que permite apreciar la poesía como una de las más cautivadoras y sublimes de México, por el vaivén acuático y melodioso lirismo, frescura bucólica, seductor susurro, sensibilidad cotidiana, fino erotismo y reveladora mística, siempre en contante búsqueda de la esencia de las cosas. Sublime en estricto sentido kantiano… Una erótica sagrada paciana, cual analogía transparente que en esto ve aquello, como en el poema *Pétalos de azahar*… el viaje allende los mares de la poeta a Rabat, por ríos, oasis y espejismos, cual fontanas históricas, simbólicas y estéticas, compartidas entre lo sublime y lo siniestro, lo profano y lo sagrado, siempre azulado.

Tras las sendas de Matsuo Basho, Leticia Luna: "No sigue las huellas de los antiguos, sino que busca lo que ellos buscaron", con su espléndida colección de haikus que bautiza con el nombre de *Agua sobre jardín de plata*… Leticia Luna, ahora más paciana y surrealista, con su "voz secreta, subterránea, disidente y enfermedad sagrada", nos entrega este poemario puente entre México y Marruecos.

ROSARIO HERRERA GUIDO
Filósofa, poeta y académica Mexicana

Río Bu Regreg

Para Antonio Gallego Roca

El sol hace brillar la sensualidad del río Bu Regreg
cuando un viento danza con su pequeña furia
y la brisa en la rompiente enciende sus luces de oro
en el horizonte donde cae el sol.
El río huele a hombre de sudor salado.
¡Todo el verdor lo trae el agua clara!
El excesivo calor vacía su fronda en una sombra rota
cuando un gato descansa en la penumbra.

En Marruecos la vida tiene el tono acanelado de Dios
digo agua y un aire rojizo aparece como oasis
en medio de la lluvia.
Ráfagas ardientes que llegan a los nidos
como el pájaro que vuela frente a mí
ese pájaro es el espíritu del día
que despierta la música del Tiempo.

A lo lejos alguien canta una sura:
Al-Hamdu lillaahi Rabbil – 'Aalamiin
(Alabado sea Allah, Señor de las Creaciones).
Es la hora del libro cantado del Corán.
Muy cerca la fortaleza antigua
los azulejos desteñidos entre los muros ocres
arriba de los minaretes: cigüeñas
las verdaderas sultanas de Shālah.

El aire trae un poema fugitivo
levanta el vuelo como las aves
que aquí viven su eterno Paraíso.
El cementerio junto al Bu Regreg
vive la muerte en sus durmientes aguas
piedra y palmeras bordean la muralla.

El río ensancha sus vapores
y la ciudad es un hammam
de sensaciones que transforman.

La fruta entra al cuerpo por el olor a dátil
(rojo como las bocas dulce como la menta)
suelta sus jugos de lima y caña en el azul del día.
Para mi idilio árabe decoro mis manos
con caligramas de henna.

Paseando por el río Bu Regreg…
olerlo, mirarlo, tornarse tan dorado
oro bañado por el cielo
un íntimo deseo nace en el pecho
aparecido aquí, sentido aquí
remando tan despacio, tan profundo de eterno.
Una partícula infinita-mojada y elevada
llena de aire los pulmones
y suelta la risa de los niños
acaricia a las mujeres que se quitan el velo
y a los hombres que aman sólo a una: *¡shukran, shukran!*
La gente mira al cielo
¿es uno de los eclipses de arena del desierto
o un raro espejismo en forma de arcoíris?

Es el momento en que Dios pinta
                con su paleta de colores
                              los cielos de Rabat.

PÉTALOS DE AZAHAR

I

Una estrella nos mira cuando hablamos
llama a la luna para encontrarla.
Afuera del zaguán frente a la calle adormecida
por las decadentes farolas de la rue de Ghazzá
él me incita a hablar sobre este país sugerente
misterioso, de dulce sensualidad.

Palabras vienen y palabras van como fonéticas mareas
la luna envía sus voces conque encender el alma
un hombre decide dejar sola a su amante
en busca de mis versos
jengibre y miel en el espíritu que eleva el canto
como agua en los baños de azahar.

En el susurro erótico de los jardines
la llama de la inspiración se adentra en sus ojos y me
        sobrecoge.
Silencio es un agua que habla / muda es un agua que calla.
La luna danza en las ondulaciones del estanque

tiembla en el espíritu que deshoja el ardor
es un idilio no buscado, aunque ocurre con sus sagrados
        arrebatos.

Tentaré tus labios con vocales para que no me olvides
cantaré entre las consonantes que acentúan tu pasión
llenaré tu boca de dátiles para el orgasmo del beso no dado
será más un beso eterno, que la sensación de un beso
más la humedad de una mujer que la palabra lengua.
La luna cae como una hostia entre mi boca
la noche es una vela que se apaga.

Lo que está en el mar ahora está en tu sombra.
Amanece:
        ya puedes despertar
                      y caminar sobre el agua.

II

Él viene de la noche de los tiempos
de una ciudad antigua en los cuentos de Simbad
poblada de huertos, palacios, oasis y vergeles.
A la luna de esta ciudad la llaman Badriyyah.
Él tiene la piel como la flor que abre sus hojas
a los misterios del azahar.

Entro a su pecho para tocar más allá de sus ojos,
a su lengua para saber más allá de sus labios
(es un manjar que bordea mis murallas).
¿Acaso la gracia de Dios caerá sobre mí
al mirar a unos ojos que miran como miro yo?

En la ciudad bañada por dos aguas

A Enriqueta Ochoa

Tu voz es agua que nutre a los jardines
—oro trasfigurado por el amor al trigo—
que urgente busca a Dios en cada ermita
eleva un libro que el viento abre y tú haces cantar.

Vine a Rabat en busca de tus pasos
un sonido, un signo acaso, que me mostrara el mundo magrebí
por ti evocado en las horas tranquilas de la Ciudad de México.

Había un agua más allá de las aguas, una oración más allá del río
donde hoy escribo tu nombre, y elevo tu poema
entre las aguas dormidas que nos dejó la muerte.

Ahora sé que la dulzura de las tardes de Rabat fue tuya
como tuyo fue el misterio de las mujeres tras el velo.

Kasbah de los Oudayas 2013

AGUA SOBRE JARDÍN DE PLATA

I

Jardín florido
la luna en el estanque
arde de noche

II

Agua silente
el Palacio feliz
goza tu música

III

Manjar del cosmos
impreso en las paredes
de la escritura

IV

Verdes deseos
dialogan en vapores
sus arrayanes

V

Jardín bordado
en tu mural de plata
cálamo escribe

VI

Brotan del agua
murmullos de silencio
su algarabía

VII

Fuente de versos
la rosa fugitiva
cruza el estanque

VIII

Viaja una estrella
por cuerpos aromosos
en desenlace

IX

Baja una estrella
en la estación del año
todo florece

X

Noche lunera
trae peces a mi amor
de ardiente Cielo

La canción del alba

Plaquette (Parentalia, México, 2018)

Incluida en *Sobre seis letras cabalga el deseo*. De Ethel Krauze, Gela Manzano, Gladys Fuentes Milla, Kyra Galván, Leticia Luna y Socorro Trejo Sirvent. Prólogo de Mauricio Carrera (El canto del zenzontle, Villahermosa, 2023).

Leticia Luna es poeta que detiene la noche y sol que enriquece la urbe, la conmoción del verbo, las estaciones de instantes que se suceden, el mecanismo del mar cuando es mujer que escribe con el astro ardiente y dulce del erotismo. Su poesía cuenta el coloquio verbal del pasado nunca desterrado, los días heridos y la orfandad del mundo cuando falta la conjugación de la verdad, la belleza y las pieles. Ventanas para volar, texto vivo, son sus versos: *de pétalos suavísimos,/ como la piel de bronce de dos cuerpos/ fundiendo sus historias/ en la amplitud del fuego*. Para ella, que tiene un girasol y un hueledenoche en su vocación de poeta, *un hombre mar y una mujer arena* bastan para atrapar el ronroneo, los besos, las latitudes del cuerpo cuando se acurruca en la enciclopedia de lo íntimo. Su poesía no usa coartadas ni eufemismos. Lo suyo no es la zona de confort de lo puritano: *tu falo adquiere mi vocación de orquídea,/ alegre vive, da floración perpetua*. Mujer barro, mujer ave, mujer canto, se reconoce segura de sus noches: *Y sabrás que soy hija de la luna/ al pronunciar mi nombre*.

MAURICIO CARRERA
Escritor mexicano

Il principe ignoto:
Nessun dorma! Nessun dorma!
Tu pure, o Principessa,
Nella tua fredda stanza
Guardi le stelle
Che tremano d'amore e di speranza.
Ma il mio mistero è chiuso in me,
Il nome mio nessun saprà!, no, no
Sulla tua bocca lo dirò! ...
All'alba vincerò!

El príncipe desconocido:
¡Que nadie duerma! ¡Que nadie duerma!
Tampoco tú, oh Princesa,
en tu fría estancia
miras las estrellas
que tiemblan de amor y de esperanza.
Mas mi misterio está encerrado en mí.
¡Mi nombre nadie lo sabrá! No, no
sobre tu boca lo diré ...
¡Al alba venceré!

Nessun dorma, *Turandot*,
de GIACOMO PUCCINI

LA CANCIÓN DEL ALBA

I

En los labios lánguidos del alba
te convertí en mi nombre y mil palomas
hoy vuelan a tu tumba
donde alguien más te habita:
el árbol y la última manzana
o el tallo de la rosa y su blancura
de pétalos suavísimos
como la piel de bronce
de dos cuerpos fundiendo sus historias
en la amplitud del fuego

II

La brasa de la noche es una pira
cuando enciendes o exaltas
fragmentas o penetras
en mi nombre furtivo
Ah, el agua de los sexos
ebrios desde el delirio
hasta volver al celo de los cuerpos
a conjugar las partes
del despertar en llamas
tras un sueño nutrido de tumultos

III

Horas y eras de voluptuosidad
asida, amaneciente, primigenia
me vuelves a fundir
en ojos, pies y entumecidas manos
Un fino musgo brota
de las paredes tibias
nos toca suave, hiere
es el Amor que a gatas
camina silencioso y nos descubre
abrazados, imperceptiblemente

IV

Ahora no es el alba y sí tu risa
radiante de elocuencia
tu falo adquiere mi vocación de orquídea
alegre vive, da floración perpetua

En el remanso corporal del sueño
luciérnagas de una aromosa aurora
cuando un agua más clara que una playa
nos espera a la orilla de esta dicha

Soledumbre, solsticio del incendio:
      sólo somos dos cuerpos
            en el confín del mundo

V

Y en un rito lunar, solar, de vida
invocas a la voz del Poderoso
nombrándome princesa de tu reino
y yo, ciega de luminosidad
me enredo a tu costilla:
    ¡Qué coartada feliz!
    ¡Qué cielo más allá del infinito!

Sol: haz brotar el oro de mis labios
    y no permitas que al amanecer
        se me olvide su nombre

VI

El amor es ahora imaginado
por un alma famélica
que escucha con voz sacra:
tu ópera divina
    en el teatro del mundo

Tu voz suelta su polen
y entre mis pétalos mojados, canta
da nacimiento al junco de la orquídea
que silba y salva en la quietud del tallo
trina y danza nuestra canción del alba

VII

Tu furor desde cada movimiento
que disfruta tomarme de costado:
un hombre mar y una mujer arena
noche y día son trino de violines
tu mano toca trémula y descubre
en el vientre del agua
mi cavidad de esfera;
si en una flor nos vierte
sus pistilos navegan, paulatinos,
como el furor que al alba nos desgrana
con ebriedad de espiga

VIII

Fuimos un largo sí y un breve no
la materia de luz incandescente
un hombre de ceniza
y una mujer de barro
un cardumen de imágenes
el árbol de un árbol dentro de otro árbol
la posibilidad de dos historias
cifrándose en palabras al oído
anidando el lenguaje
que nombra lo invisible:
verbo recuperado en la memoria

IX

En la ciudad de viejos terremotos
(barrios apuñalados por la Historia)
muy cerca en una arista
avanza la hojarasca:
un edredón gastado
y al fondo un piano en llamas
vibrato entre relámpagos
la flor de lis al filo del ocaso

Mi ciudad es una estación violácea
por los vientos que desprenden su cáliz
¡Jacarandas de abril, surjan de nuevo!

X

El brío en tus pupilas
se encenderá cuando el árbol desnude
otras ramas al alba
y una brisa de eternidad tan breve
(como nido de pájaros
cuando amaneces mío)
le invente nuevos ecos
a mi esencia fortuita
      Y sabrás que soy hija de la luna
      al pronunciar mi nombre.

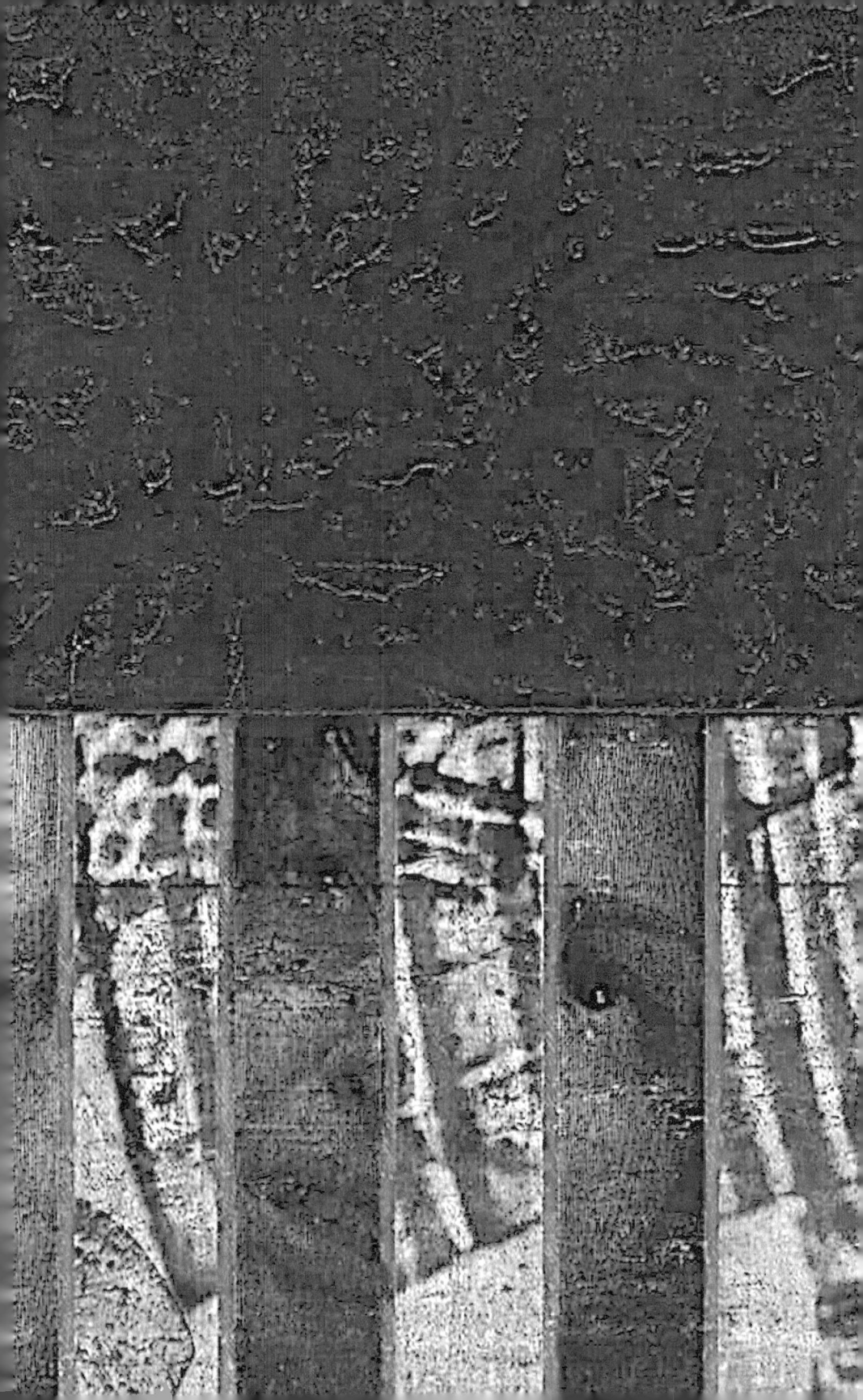

Los motivos del tiempo
(POEMURAL)

(Ediciones del Lirio, México, 2018)

Conflagración de sorpresas, la escritora Leticia Luna aceptó en acto de revitalización, la corola de audacias que la invitaban, y se lanzó a enfrentar los vértigos del Poemuralismo, asumiendo primero y expresando después, las diversas aristas que componen el fenómeno.

No puedo más que tremolar mi admiración por este hecho tan poético de Leticia Luna, tan fraterno en lo de repartirse a todos utilizando esta forma de formas asida de los suspensos, a los decires con direcciones múltiples.

El Poemural es un nóvedo procedimiento poético que pretende crear trampolines para voces coetáneas, pero hay que arriesgarse primero a pisar el trampolín amando y rechazando actitudes demolombianas (es la vida); se crean los nuevos rostros que dicen, que callan, que miran y vuelven a avanzar sobre la urdimbre de las palabras. Entonces las pupilas ven como desciende la luna sobre el muro y se hace poema.

La escritora contribuye a la materialización del libro "Lengüerío", y su todo almático… se convierte en querida compañera de audaces poetas, cito: Miguel Ángel Aguilar Huerta, Ulises Córdova, Roberto Lizárraga, Balam Rodrigo, Temoc Saucedo y Patricia Reyes. ¡Qué puñado de temerarios reverdecientes, proporcionándole nueva salud a la poesía!

ROBERTO LÓPEZ MORENO
(Poeta mexicano)

Los motivos del tiempo
(Poemural)

> *Madre: cuando juntaste el cielo con la tierra, para crear*
> *la chispa del milagro, una palabra, un acto, un testamento,*
> *se hicieron asentar su sitio en el espacio.*
> *Así naciste el tiempo, en el interior de esta la nuestra casa, un*
> *manojo de células apenas para medir el río de la sangre,*
> *para medir el miedo y la alegría, el dolor, los dolores, el*
> *del hueso y el del pensamiento; para medir la dicha y el*
> *placer, el odio y el terror, y las canciones.*
> *Coatlicue*, Roberto López Moreno

> *A mi madre, cuyo recuerdo luminoso*
> *acompaña mi vida.*

I

¿A dónde va el tiempo si grita mudo
su tránsito de molécula vasta?
El corazón da vuelcos
sin miedo, abisal
     ahíto en su derrumbe
     certero en la caída
     como mis pensamientos en picada
como mi vida cuando se acicala
y se maquilla para develar velos sacros
y desnuda, perseverar huyendo
hacia la verdad que asedia y en su afán desmaya.

El tiempo es un río que no deja de fluir
—la imagen de lo eterno— Heráclito, Platón
la relatividad inacabada, ¿acaso exista un lenguaje sin voz
ante el dolor perenne de la huida?

     Pájaros que con sus trinos me deslenguan toda
     y encienden mi garganta
     pajareros instantes
     donde el cielo alza su vociferío
     para después sumirse en el silencio.

Esta luz se yergue luminosa
develando su misterio en el gorjeo oculto
del silbar pendiente, como un zureo silábico de gran vuelo
—o música, o ángeles que nacen con el día—
Aves doctas en todos los oficios
del trinar que incuba sus sonidos en bandada
y orquesta el nacimiento del Sol en coros bailarines
escanden sus voces pajareras por el azul del cielo
ante el ser oscurecido que abandona mi casa
un tiempo sin medida
más que la luz alzada, el horizonte
el silencio si pesa, de las alas si alejan
el surgimiento de la algarabía humana
      incrustada en la vida
          y su delirio terrenal.

II

Entro al poema como al enigma de una ciudad sitiada por las
      aves
Pueblo olvidado: mis oídos son una gruta y un edén
en el pulso del agua cuando llueve
cuando amanece y moja de recuerdos
la savia que riela nuestro tiempo
y late desde algún sitio de la infancia
en el Salto del agua, en el lago
o en los alimentos preparados por la abuela.

Donde recuerda el café de su abuela

El café de mi abuela se derrama
en tazas vaporosas junto al pan,
olores y nostalgia viajarán
en el sueño, que de la noche es llama.

Gozamos del sabor que nos inflama
ante la historia vieja de aquel clan,
calor y frío en humo flotarán
para musitarnos, amé o me ama.

La sílaba de Dios, junto a la baya,
se posa en mis sentidos, deleitable:
oscuro líquido que no acalla

su infinito sabor conmensurable.
Lo bebí, lo bebo… ¡y me avasalla!
convertido en lenguaje indescifrable.

III

> *Sólo las flores son nuestra mortaja.*
> NEZAHUALCÓYOTL

Primer decreto primitivo

El ahuehuete fue el árbol donde solía leer
y dejaba que murieran los recuerdos que me sojuzgaban.

      Danza para ayudar a la vegetación del alma
      Árbol tiempo, fertilidad de mis semillas
      La poesía no es tu abismo –es el mío–
      Tu hoja es la página de un espíritu
      que nace y se marchita en los andenes de la memoria.

Te reconozco en la palabra
que pronuncio entre los puntos cardinales
      Poema de la creación:
      madera del lenguaje
      guitarra del camino.

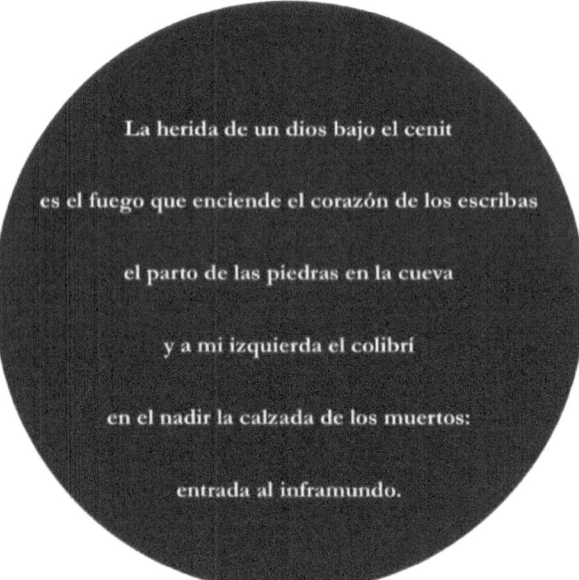

La herida de un dios bajo el cenit

es el fuego que enciende el corazón de los escribas

el parto de las piedras en la cueva

y a mi izquierda el colibrí

en el nadir la calzada de los muertos:

entrada al inframundo.

El xoloitzcuintle
llega a la otra orilla del Mictlán
Bajo la calzada de los muertos, se abre el mito.

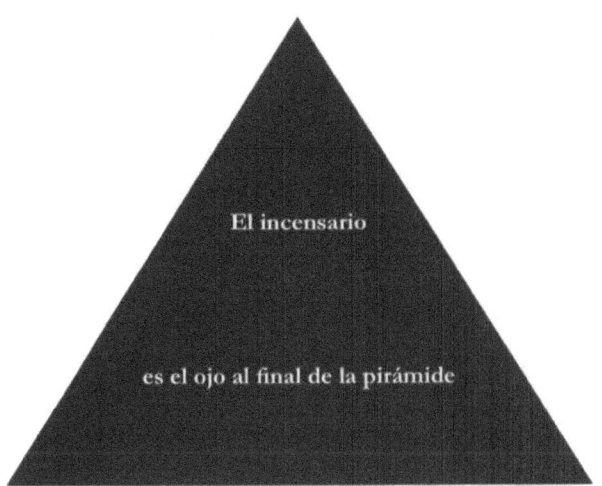

Entre el triángulo y el círculo lunar oculto
el jaguar merodea con su visión antigua
asoma su garra y voluntad ensangrentada
para pintar de azul, este mural del Tiempo.

IV

> *Ella voló a la región del aire: déjala ir*
> *sus labios siempre besarán tu frente*
> *y llenará tu corazón de flores amarillas.*

La orfandad muda

Entre tardes e infancia el humo del pasado se difumina
las nubes se asoman por la ventana de una casa y una familia
como las páginas de un libro cayéndose a pedazos.

Para abrir la cárcel del olvido necesito el silencio
de golondrinas formando su mandala sobre el lago de Texcoco:
la edad de mis hermanos, 7 años, 5 meses
y mi madre con su lírica lozanía de vivir
en el tránsito del cuerpo a través de las consignas
rondaba por el pasto mojado
y era como el silencio de una marcha estudiantil…

Pequeños trozos de remedios
ahora me encuentran sentada bajo el ahuehuete.

¿Qué fue de la vida después de la matanza?
No había respuestas: sólo la ruta de las lagartijas
subiendo a las copas de los árboles
desde donde divisé la sombra
                 de mi madre ausente.

Su acta de defunción (carcomida por el tiempo
en los anaqueles del Panteón de Dolores)
la firman el 3 de octubre de 1968
el médico que no sé si le atendió
y un estudiante desconocido.

Entre imágenes de niebla
escucho el grito lleno de pavor de mi abuela:
«Ahí vienen los granaderos»
O es mi forma muda de decir
        que mamá nunca volvió a casa.

2 de octubre, no se olvida.

V

Nació contigo, coronó tu infancia
y es el fruto gemelo de tu vida.
Lleva el nombre de todo lo que amas
y el reflejo del polvo que te sueña.
AURORA REYES

Segundo decreto primitivo

Aquí nací, aquí crecí, en la ciudad sagrada
junto al pirul y el ahuehuete, sobre la tierra húmeda
mi cuerpo ovillado en posición fetal
        bajo el ardiente sol de julio.

Línea del tiempo

1965	Origen
1967	Éxodo
1968	La matanza
1971	Primera enseñanza del agua, el alfabeto y la escritura
1979	Primer aprendizaje del fuego
1985	Gran movimiento telúrico en la ciudad amate
1990	Iniciación en las antiguas fórmulas de la abuela, la Palabra y en las recetas sabias
1992	Indagación del mundo y los viajes
1999	Mito y rituales de la Diosa
2000	El eclipse y los oficios del tiempo
2005	El amante y la espiga
2007	Crónica de un país en llamas: Los días heridos
2013	Segundo itinerario del agua
2014	Creación de un incensario para el fuego
2017	Segundo gran movimiento telúrico La canción del alba
2018	Inicio de la revolución de las conciencias Leona Vicario y la liberación femenina La rosa de los vientos, Octavio Paz, El arco y la lira

La palabra-ancestro viene de la luz
habla de la oscuridad, de las cuatro siembras
y de las estaciones en las cuatro esquinas del mundo.

        Con el nahual de la noche
        vislumbré la mansión de la luna
        en el ombligo de la ciudad amate.

El sonido del caracol santificó los nacimientos
Ciplactonal y Oximoco:
Creadores de la cuerda del tiempo.

    El alba llama a la Poesía
    Juntas se espigan   son un caracol
    el viejo Dios y sus esferas
    arcoíris que trasciende el cielo
    y circunda a la redondez lunar.

VI

> *Entonces el ave descendió a los cienos,*
> *fue adquiriendo la longitud del polvo,*
> *su escama horizontal,*
> *tierra sexual, polvo enamorado,*
> *se puso a dibujar sobre la arena...*
> ROBERTO LÓPEZ MORENO

Tercer decreto primitivo

    En un amanecer de luna llena
    vino a la ventana un huitzilín
    mis ojos semiabiertos percibieron su mensaje
    cifrado en el idioma de los aleteos.

Dos mil movimientos de alas para decir: ¿eres tú, soy yo?
Pájaro colibrí apareciste en el instante justo
cuando me agradecí cuando me amé por fin.
«Mira cómo te tengo cuerpo abandonado
cómo te tengo manos, pies»
¿Dónde está el Dios del Tiempo?
¿Dónde estás Ometéotl,
Dios de la dualidad que nos habita?

| Inicio + fin = movimiento de renovación |

Entonces era yo una mujer frente al arrebato del fuego:
cuando besaste con vehemencia mis ojos, mis labios,
y despertó la energía del amor en el sur,
en el norte, ¿acaso era el oriente…?
o eras tú, pájaro colibrí, picoteando
detrás de la ventana
                      ya sin lluvia.

Después: el largo mar del cielo
                      donde habitan los quetzales.

        Vuelen por las cuatro esquinas del mundo

          Y que el rayo, y su sonido de luz
        siembren el amanecer en nuestros ojos.

...el numeral creciéndome en el tiempo.

Ciudad de México
15 de julio de 2018

Fuego azul

Poemas 1999-2014

(Índole Editores, San Salvador, 2014)

La poesía de Leticia Luna, atravesada por la estela del erotismo, lleva como mascarón de proa el roce de los cuerpos… se ramifica en gestos de vida y muerte, una bifurcación que asume lenguajes que van del lirismo a la jerga urbana en un discurso enriquecido por juegos tipográficos e imágenes restallantes.

Esta poesía se mueve con amplia libertad, en el cruce de coordenadas entre el Efraín Huerta de "la muchacha ebria" y la Rosario Castellanos de "Jornada de la soltera" y "Destino". Un sitio adornado con las guirnaldas fatuas de la modernidad, pero también por los relámpagos de un pasado precolombino, que no deja de asomar con sus deidades, rituales y ceremonias.

En la contracara está la aventura creativa de Leticia Luna, su remar sobre silencios, alaridos y susurros, hasta arribar a una orilla que es también un nombre convertido en "sangre del cuerpo / del poema".

Jorge Boccanera
Poeta y crítico argentino

Geografía de la ausencia

> *Y me ha dolido mucho amar a trechos*
> *impenitente y sola.*
> Eunice Odio

I

¿Qué pasará cuándo amanezca?
Los cuervos de tu canto se habrán ido
tu aroma se evaporará de su pasada espuma
el largo río de tus cabellos desembocará
en la ráfaga de un nuevo día
y el sol admitirá que no pudo acurrucarte
entre sus rayos y mi seno.

¿Qué pasará cuando no haya voz ni tinta
en la magnificencia de la belleza diaria
y sólo encuentres cenizas de una tierra fría?

La poesía nos salvará del caos
y con un café entre las manos despertaré
escuchando nuevos trinos que llegan a mi oído
devastándome el alma.

¿Qué pasará con las noches festivas
cuando eras un león luchando contra ejércitos
que te llenaban de rabia y soledad?

El destino te eclipsará despacio
y otro hombre serás en busca de su imperio.

II

Como fiera sacada de su guarida
que en cautiverio imita su brama interior:
      así vivo ahora

III

Yo quería para mí todo
los amplios campos de luz
las espigas enalteciendo las horas
la vida era un banquete
que se me ofrecía a manos llenas
busqué fama   riqueza
el éxtasis de las cosas fatuas
pero la muerte echó raíces
y como una corrosión temprana
apareció con antiguas visiones
azotando el dolor.

Viajé por rutas que transforman los caminos
antorchas alumbraron las cenizas de mi casa
destruida por la traición.
Un relámpago encendió el ojo frío de la noche
mis amplios campos de luz
mis espigas alimentando las horas.

Un ojo de ballena era la luna
(hostiles rayos condensados sobre el firmamento)
grutas de angustia tus vedados ojos
crisálidas muertas en tu húmeda boca
polvo de semen marino.

Entre las brumas del mal sueño
descubrí que todos se habían ido
hacia un sitio oculto para mí.

IV

En el abismo de este sueño
mi rostro es una estrella que oscila
en la orfandad del mundo.

V

Alguna vez supe que la ausencia vendría de nuestros ojos
y quise abrazarte porque el olor amargo de la muerte
ya estaba en tu respiración
tuve piedad de ti y envié la luz
hacia aquella imagen de la belleza
besándonos los poros
tu hálito fue el mar   sus caracolas
Yo no deseaba otra vida más que esta vida
otro mar sino este mar   y decía:
escribe sol
            albatros
                      arena en mí.

Los días se fueron y huir se hizo preciso
no supe si mi cuerpo era mujer   hombre o árbol
o si mi casa una cripta donde vivía la locura
y su cadáver las cenizas de una tierra fugitiva.

Viajé por laberintos que forjan los caminos
—Un día inventé que era feliz—
no había más cuerpo que tu cuerpo
ni más aire que tu boca devastándome los días.

Deambulé sin rumbo fijo
espectros aparecieron ante mis ojos llenos de pavor
luché por preservar mi vida
pero caía al suelo una y otra vez
entonces busqué a mi alma:
estaba sentada en las piernas de la locura
     y la desesperación
rasgué mis uñas   me quité los dientes
me volví un guiño sanguinolento que denostaba a la aurora
cuando el hilo de plata que atravesó mi infancia
         hizo llover
               y amaneció de nuevo.

TEQUILA DOBLE

I

Canté un bolero con un desconocido
y acepté que me pagara un trago
para hablar de asuntos que a ciertas horas
conmueven sólo a los borrachos.
La vida es una fila larga de tequilas dobles
y una canción ranchera bajo el brazo.

II

Cuánto extraño tus pasos
por estas calles sin dueño
por esta soledad sin garra y sin frontera
que lo atraviesa todo
como un disparo en el aire
       como un cometa sin nombre.

Es como el dolor de un gato
entre las llantas de un auto,
convertido en polvo y grito escondido.

Bajo la lluvia parece limpiarse todo
                 hasta el recuerdo.

III

Ahora que nos hemos bebido las saudades
y pagamos como dioses caídos
el desuello de hijos que nunca fueron nuestros.

Ahora que a la madrugada cantamos sin horario
sin fortuna   y teniendo por abrigo el cráneo
de mi íntima constelación
entro al callejón de los hombres sin casa
                    que con el alba se suicidan.

IV

A Felipe Granados
San José, Costa Rica, 2009

De ti aprendí esta extraña forma de fumar
cuando el mundo queda detenido
el reloj se burla
y avanza lentamente.

De ti aprendí que los grafitis
no quedan tatuados sólo en la pared
—aunque algún día se despinten
sin que nadie se dé cuenta—

Por ello fumo así esta noche
—aunque eso no ayuda—
los pájaros que habitan el manzano duermen
y éste no dará frutos hasta que la lluvia
desee volver a iluminarnos
pero eso es imposible
porque tú, te has ido solo.

Vieja Habana

No puedo negar la nostalgia de mi viaje insular a tu costado
nubes marinas sobre la noche tropical
partículas de luz en el ojo de un apagón sin límite
quiero guardar en una balsa la risa de la calle Obispo
el Malecón con su embriaguez completa
la comparsa del Alacrán, los helados de Coppelia
Eleguá abriendo los caminos
Ochún derramado su tarro de canela y miel
la sonrisa de Lina de Feria bajo un framboyán de enero
los poemas de Nancy Morejón en un patio de estrellas
el mar con sus bronceados cuerpos
el Che en los cientos de fotos pósters y papeles
la humedad del caimán, Yemayá y el unicornio…
pero sobre todas las cosas de la isla
el volcán metafórico que es Lezama Lima
la Virgen de Regla y la Bahía.

Es como si la ciudad nos invitara
a recolectar un puñado de cosas periféricas
para que nunca pudiéramos decir:
"Adiós a La Habana."

                                          La Habana, Cuba, 1999

CIUDAD AMATE

I

La ciudad es una estampa
que se niega a morir en el pasado
una telaraña que pende en el futuro
fantasma que se funde con los vivos
vivos que dormitan con sus muertos
En sus plazas circulan noticias
de hombres desaparecidos:
huesos dispersos en el inframundo
de un desastre ecológico
donde alguna vez hubo un lago
un cielo transparente.

II

Ciudad: pergamino de estrellas
cielos vagabundos
monolitos que aparecen
por el callejón de San Ignacio
cruce de ríos que conducen al Mictlán.

Ciudad cárcel   Ciudad esclava
Ciudad damnificada:
      Terremoto

Circo donde el domador no venció al león
los políticos se hirieron a sí mismos
y la mujer serpiente no tuvo nada de Coatlicue.
Ciudad de antiguos mestizajes
Águilas del Anáhuac
Tigres de Guerrero
Chac Mool del Tempo Mayor.

Puente arrojado al tiempo
Ulama:
todos jugamos
              tu eterno juego de pelota.

III

Cuando el smog viste de hollín a la tristeza
la ciudad huele a viejo a caño y alcantarilla
en los caminos cotidianos de su tránsito.

IV

En el espíritu ocre de México
la nostalgia brota de las faldas ancestrales
                        del Popocatépetl.

V

En la Plaza Mayor
el tzompantli es una llaga
las fauces de los dioses
la invisible entrada hacia otros cielos.
Desde los peldaños de la muerte
Mictlantecutli hurga en viejos cráneos
                de la ciudad amotinada.

DECLINACIÓN DE LA AURORA

A María Mercedes Carranza,
Aurora Marya Saavedra
y Maricruz Patiño

Recibe en tu seno, María, a todas las poetas
a las que entre cartas y papeles fallecieron
con las manos manchadas por la tinta
del último poema.
Benditas las que mueren solas
—con tan sólo la Palabra—
benditas las desterradas y las sabias
las que hablando con el aire
cortaron las cadenas de este sueño
y en su huida encontraron la absolución final.
Benditas las fervientes y las tristes
las que alargando aún la voz
no pudieron hacer la última llamada:
Eunice, Alfonsina, Rosario,
Sylvia, Virginia, Alejandra,
Norma, Enriqueta, María Mercedes,
Maricruz, Blanca Margarita y Aurora.

Señor Dios:
¿Por qué las auroras son tan inciertas?
Benditas mil veces benditas
las poetas que se van.

XÓLOTL

A Itzia Pintado Patiño

I

El xolo ama a los dioses
corre por el jardín de Sylvia María —la poeta—
y se ilumina como un relámpago celeste.
Al olfatear el pasto verdísimo
se acomoda en los brazos de quien lo llama
su piel ardiente es como una almohada tibia.
Entre los alcatraces —aroma a fuego cocinando maíz—
el xolo desencadena sus pupilas de ámbar.

II

Al viajar hacia los nevados volcanes
se acrecentó mi entusiasmo por el xolo
partícula de México encarnada en un perro.

El xolo es un animal despierto
el nahual de un dios llamado Quetzalcóatl
del altar toma una flor de cempaxóchitl
se vuelve naranja y en su carrera diaria
                        acompaña al Sol.

III

¿Dónde habita el xolo?
¿Seguirá aullando al conducir las almas
                  hacia otros cielos?

Macuilxochitzin Mextli
Raza: xoloitzcuintle
Foto: Benjamín Anaya

HABITACIÓN DE LA PALABRA

A Isolda Dosamantes

Regreso a la región de mis ancestros
al hechizo de Atlangatepec
al espejo de una tarde en Tlaxcala
donde bautizaste al niño de Oriente
con flores japonesas   pulque
y aguardiente de hierbabuena.

Tu nombre es carretera que atraviesa el volcán
la orquídea dorada de Costa Rica
barro negro en Oaxaca:
eres todos los nombres
donde nos habitó la palabra.

Cuando un avión cruza el cielo de México
traza un vestigio de luz con su lápiz fugaz
las nubes forman sus catedrales
y la tarde cae con los brazos cruzados
eres la luna: mi gemela.

MEDITACIÓN BAJO LA LLUVIA

A Píndaro
porque la ausencia duele

Como esos barcos que zarpan al amanecer
mi corazón te busca
en contra de mi voluntad te evoca
entre las luces y la estatua de David
apareces como una sombra siempre.

Para ir a mi cita contigo me tomo fotografías
lo más hermosa posible
eso ayuda a saberte vivo de invisibles formas
que me son dadas
tan necesarias como la cobija al mendigo
el poema a la dama lluvia o a la niña enferma.

En tus ojos anidaba el recuerdo de pájaros
que al otro día morían
flores que aún guardo en viejos libros
y que de vez en cuando admiro y huelo
porque la luna está muy triste
de este lado del mundo.

Ciudad de México 12:00 p.m.

Imposible escribir:
la musa se fue de tragafuegos

FUEGOS ARTIFICIALES

Esbelta
rabiosa y solitaria
la Poesía es una orquídea
que en el cenit
es
ta
lla

LA CONSTELACIÓN DE SCORPIO

*A Eduardo Balderas
y José Agustín Ramírez*

La muerte de John Lennon nos tenía afectados
de las botellas del alba bebíamos
escuchando Imagina y Den oportunidad a la paz
La casa era una constelación a punto de extinguirse
de sucumbir en las aguas rojas de la noche

Como siempre
nos deseábamos en oleadas de antiguas emociones
alguien dijo que lo podíamos ver
en un viaje de hongos amanita muscaria
John Lennon toca su guitarra
y todos lo acompañan haciendo coros

Nadie ríe
irremediablemente estamos tristes
En la entrada del baño
dos mujeres se besan
un escritor de ciencia ficción se cree astronauta
                                                y flota

Los enamorados dibujan un grafiti sobre la pared:
¡Lennon te amo!
La casa es la constelación de Scorpio
aguijoneándose a sí misma

Concierto de rock

A Julio Revueltas

Cuando la luna se asoma en el estadio
y el público grita con su estruendo fugaz
U2 aparece:
bolas de cristal y un macho cabrío
entre glucosas violetas y amarillas

El cantante
es un vaquero que emerge
de una escalera multicolor

El guitarrista nos recuerda a
John Lennon Jimmy Hendrix o a Bob Marley
mientras la gente baila
y con las manos forma la ola

Yo soy una gota de tiempo
en la explosión interna
de la máquina que suda rock

Los días heridos

Primera edición (Cuatrocientos Elefantes, Managua, 2007, con prólogo de Raúl Zurita).

Segunda edición (Premio Internacional Caza de Poesía, Moradalsur, Los Ángeles California, 2008 para obra publicada).

Tercera edición. *Wounded days and other poems* (UNO Press /University New Orleans, 2011. Traducción de Toshiya Kamei).

Los días heridos es de una fuerza, concretud, y simultáneamente de una delicadeza absolutamente deslumbrantes. Me conmovió su absoluta verdad (quien habla no finge la voz, no se inventa un personaje) y su entumecida, arrasada y conmocionada belleza. Las partes del libro se complementan, se potencian y las descripciones del desierto aumentan más el dolor. La que habla no teatraliza su ira (como en tanta poesía de "denuncia"), habla, simple y maravillosamente habla y por ello el efecto es más arrasador; pero tampoco se ahoga en la angustia, no; es capaz, en medio, de decir, *Borrarán mi nombre / y pensarán que he muerto / pero mi nombre tatuado en el cielo / con sus destellos danza*. Algún día México le agradecerá a Leticia Luna estos poemas.

RAÚL ZURITA
(Poeta chileno)

LOS DÍAS HERIDOS

> *Y esto digo:*
> *entonces serán las aflicciones, las miserias y persecuciones*
> *que padecerán tus hijos y nietos;*
> *y llorosos se acordarán de ti,*
> *viendo que los dejaste huérfanos*
> *en servicio de otros extraños*
> *en su misma patria...*
> NEZAHUALCÓYOTL

I

Esta noche hay un olor fétido en el aire
sin duda es el olor de un país que muere
como en aquellos años de la corrupción
cuando mi infancia era una parvada de golondrinas
y mi padre enfermo
                ya nunca fue el mismo

Hoy persiste ese olor tan fétido en el aire
y mi padre
        no está aquí
                para limpiarlo

II

Es difícil aceptar tanta mentira
Es difícil ver que los rostros se mueren
en la ceguera del pez y la gula del cerdo
              hermanados por la traición
A esta hora de la noche
los hocicos del odio anidan
en el cascarón de los sueños
nada saben de la sobrevivencia del alma
ni de sus vapores que suben victoriosos
                  sobre el Templo

III

No   no pude hablar con Dios
para pedir sabiduría como Salomón
no clamé venganza en el Desierto
ni vine a discernir por los despeñaderos de la infamia
estar partido en dos para pronunciar de la rabia
                              tan sólo su gemido

Nadie debía morir en la memoria de los peces
pero la sangre se desconcertó
en la complicidad secreta de la especie
y la traición mostró sus fauces
                              en medio de la nada

Así, guardamos silencio ante el río voraz
donde los cerdos enguyen a seres necesitados por el hambre
eterno estigma que obliga a la venta
                              del huerto
                                    más preciado

El pueblo guarda el grito escandaloso de la afrenta
y vive un día tras otro entre la oscuridad
                              que baja
                                  hacia su mesa

Así   llegan noticias del tonto más tonto
triunfando en la televisión   como un burro cargado de oro
                      repartiendo promesas de profeta falso

Así   buscamos en la lucha de nuestros antepasados
                              la razón de tanto desengaño

IV

No   no tengo guardián en la caída
orino sangre
             y un frío desconocido
se derrumba entre mis huesos

Mañana talarán el huerto que sembré
y ellos volverán a recordar su crimen
          mientras yo
pequeño gazapo entre la niebla
arrastraré la arcilla de mi cuerpo
descifrando los engaños del Poder

V

Estoy de pie frente a la noche y sus fantasmas
murmuraciones vienen y van
la gente se queja de tanto desengaño
unos a otros se ponen el pie   se tambalean

El hurto y la impostura
sientan sus reales en el dolor ajeno

Hoy no llueve y la ciudad maquillada de smog
muestra el signo del mal presagio
que sigue esclavizando el tiempo venidero

VI

Ayer volví a soñar
con los jinetes de la persecución
creen que lo tienen todo
que cobran vidas a voluntad de esclavo
hincan su hinchazón de golpe
su dádiva en secreto
el besamanos como una pasarela idiota
donde imponen el vestido invisible del rey
y su séquito de bastardas sombras

VII

> *Las palabras del impostor*
> *son bocados apetitosos*
> PROVERBIOS 18:8

¿Hasta cuándo el impío comerá de los que engaña?
La mentira que siembra se contrae
como el caracol que pisa la salina
y retrocede ante esa quemadura

VIII

Ahora sé que tú enviaste a los jinetes de la muerte
y pusiste trampas para que mis huesos se negaran a arder
¿era una prueba más para arquearme
               y peregrinar por todos los caminos?

No   no puedes anunciar la victoria ni la salvación
ni predicar el odio entre aquellos que vislumbran
                     la comunión de la Palabra

IX

Dios habla de los tocados por los anillos de la muerte
del olor de las cosas que se echan a perder
de los que por alguna razón son los señalados del Poder

¿Quién pedirá misericordia por las almas
que habitan en ese *huracán de las lamentaciones*?

X

Cada muerte trae más muerte
el país no es mejor país
sino un cautiverio de mujeres
        asesinadas en el Desierto

XI

Borrarán mi nombre
y pensarán que he muerto
pero mi nombre tatuado en el cielo
        con sus destellos danza

XII

Hay días cuando la mañana
muestra su apego a la savia dulce del pueblo
días en que por un instante la vida aparece
donde pensábamos que había quedado
        vencida y olvidada

XIII

> *Hay días en que somos tan móviles, tan móviles*
> PORFIRIO BARBA JACOB

Hay días en los que amanecemos
en un pozo tan hondo   tan hondo
que no dejamos de interpretar acertijos
Días en que aún dando palos de ciego
caminamos hacia la ubre de un despeñadero falso

Hay días en que mejor no amanecer
                    mejor las sombras
estos silencios y el dolor a solas

Hay días en que mejor la música
                    mejor la danza
en el espíritu sagrado
                    que nos posee

XIV

Un hombre se ríe de la muerte en una barricada
ve bailar en el rostro de la policía
              huesos que pronto se calcinarán

> *—Ustedes también son hijos del pueblo*
> *tienen el color de la tierra*
> *son indios como nosotros*
> *también son explotados*
> *A ustedes les robaron su tierra*
> *les mataron los bueyes de hambre*

Un hombre se ríe de la muerte en una barricada
cuando caen un colono   un anarquista   y un maestro
      en manos de la Policía Federal Preventiva
              en el Centro de Oaxaca

XV

Mientras los voceros del orden amenazan al pueblo
los periódicos informan de la red tejida
por los pederastas del Poder
de las muertes que debe y paga el narcotráfico...
Es el contubernio de la señora Mentira
que abre sus cloacas
y   hiede   hiede   hiede...

XVI

Desde los basureros del odio
la policía reprime a las voces que se rebelan en la ciudad
a los campesinos y su despojo en la boca del hambre
a los estudiantes que luchan entre nubes de gas pimienta
a los colonos que son golpeados
                              hasta bañarlos
                                        con su propia sangre

La tarde llega con su letrero de aves
                        para que el tirano caiga
                                        y se vaya para siempre

XVII

Llega el tiempo de los cateos
       y las desapariciones
de la tortura en las cárceles
de la violencia y sus masacres
en casas   calles y templos

Acteal
            Atenco
                        Aguas Blancas

Cananea
        (Ayotzinapa)
                Río Blanco

Líderes de la Asamblea Popular de los Pueblos de Oaxaca
—primeros presos políticos del nuevo régimen—
son capturados al presentarse a negociar
con el Secretario de Gobernación en la Ciudad de México

Oaxaca
      cientos de desaparecidos
            decenas de muertos

Llega el tiempo que el cierre de carreteras
los asesinatos y las protestas
ya no pueden ser maquillados
        por las mentiras del Poder

XVIII

Hay ciudades en el fuego de la chimenea esta noche
recuerdos de rostros que se derrumbaron bajo la ceniza
sonrisas bajo el tizón de la tempestad más cruel

Llega el día de los enterramientos   de la renuncia a los
      ídolos
de aquellos que se regodearon en los cocteles de la traición
Ahora el mar se lamentará por el dolor guardado en la
      penumbra
por la angustia en los ojos de las palabras
            que se enredan en el corazón
Ahora el mar sabrá del grito del pelícano muerto
y tratará de lavar y endulzar mis heridas
            mientras duermo

            Ciudad de México
          (2006, fraude electoral en México)

CARACOL DE AZOGUE

A Carlos Luna

¡Qué solos están mis muertos!
y los zanates cantan todo el tiempo

Mi hermano era un Tezcatlipoca
incendiado por dentro
un caracol de azogue
un enigma en nuestras vidas

Si miraba piedras aparecían cactus
llegábamos con el vendaval
a la cicatriz del invierno

Ya no hay pecho para plañir el duelo
y la penumbra de lo que nunca ha sido
                              me desangra

Fotografías

En la plancha del Zócalo
fotografías de la masacre de Acteal
cruces de flores amarillas y veladoras
                        alumbran el atardecer

En los pies de la nostalgia

A Jorge Boccanera

Qué sucede con el polvo que canta
la mano que tiembla   el nudo en la garganta
qué con este levantarnos siempre
en los pies de la nostalgia
no de quien baila un tango
cuando el mar se asoma en la mirada
sino de aquel que se vuelve libre
en la ronda muda del Tiempo

Qué sucede con la desesperación
que estalla en la pupila
no del que mira atrás interrogando
—¿adónde se petrificó el tiempo?—
sino del que dando vueltas en sí mismo
se fragmenta se une y se levanta
para ser de los que no claudican
—de los que sobreviven—
de los que no se rinden nunca

Conmoción del verbo

A Roberto Sosa

Son los pájaros del amanecer sobre Tegucigalpa esta noche
que en sus destellos sonoros guardan un mecanismo de mar
que vuela hacia la herida de su despeñadero sordo

Es el viento triste de Tegucigalpa esta noche
el hermoso Sacrificado de un Viernes Santo
el costillar ineludible de una estrella
           que prende su brasa enceguecida
                  en el cuerpo mortal del Día

                                Barrio de la Leona
                                2003

Del resplandor y su estampida

I

He visto a una familia de venados en la carretera
        cientos de correcaminos
          restos de dinosaurios
          bosques petrificados
        el resplandor de la luna
        en un charco del desierto

    Hay peyote desde San Luis hasta Mesa
        hay saguaros y coyotes

He visto el mayor aerolito que cayó sobre la Tierra
en tus ojos como relojes de arena midiendo el silencio

        Hay montículos sagrados
            cenotes
            arroyos
    la entraña sangrienta del Grand Canyon
        partiéndome el cerebro
          en dos hemisferios

He oído en Navajo Nation
        a la Gran Babilonia
Gran Madre Tierra   Gran Padre Viento

      He visto en tu mirada
           el paisaje nevado
                de los volcanes
                      que se alejan

II

Había una mujer en tu estampida ardiente
—en su vulva estaban escondidos tus tesoros—
pero tu corazón era mío como la Alta Torre
                    en que se convirtió mi pecho

Ahora escarbas en las huellas que labraron
tus dedos —como pinceles cabizbajos
sobre los muros de mi cuerpo—
porque vienes buscando tu corazón intacto
        en mi cofre de llamas
y en la belleza quemante
                    del deshielo

Había dos jóvenes —se llamaban Nosotros—
confinados al Amor y al Destierro
y en nombre de ese llanto
de esa desolación y calcinante lejanía
vienen de nuevo a derramar el cántaro
desnudo de mi sombra
—Espíritus de Nieve
con sus besos de aire adelgazado—
muertos los ojos que vieron mi carne pálida
palpitar sobre el cuchillo rojo
muertas las lágrimas
           y su penumbra de oro

Hay luciérnagas en la noche helada
caminos de los indios que fundan las ciudades
caminos de la América
      que ve perder tus pasos
            desdibujados en su estela

III

Arrodillado frente al espejo interminable
                      del mar de los sargazos
me llamas en la ceguera de tus ojos
quemados por la llaga del Desierto
Y en nombre de esa herida
— de esa desolación desnuda—
invocas a la brasa que baila
sobre su suelo de cráneos
el canto de mis huesos
                y tu canción más íntima

Desierto de Arizona

A Mara Cruz, Selene Rose y
Charlie Moon

Son bellos los animales
que forman las pocas nubes de Phoenix
sus espejismos y carretera sideral
La tarde calcina este recuerdo de pájaros
y poblados lejanos del Oeste
crestas de saguaros y montañas
coronadas por cuatro picos

En Mazatzal   cerros de grandes rocas
más adelante
                m e z q u i t e s
cenotes y filtraciones de agua en Montezuma Castle
bosques petrificados   vientos de whisky
           Route 66
y praderas pobladas de cactus

Hace más de doce mil años
el hombre registró su huella en esta tierra
y su escritura aún es leída por el viento que hace silbar
                   las piedras rojas del Desierto

APACHE MOUNTAIN

I

En el corazón de la tierra desértica
el tiempo se mide por la altura de los cactus
las montañas calcinadas y el nacimiento
                      de flores amarillas

En el amanecer de un día
que recuerda la muerte de Dios
—un arameo llamado Joshua—
las gotitas de luz en el Desierto
son como la lluvia eterna de una sangre
                      por muchos implorada

II

Tierra roja
Cuyamunque
Camel Rock
agujeros que el viento talla
en la arena petrificada
pueblos de estuco y barro
arcoiris y maíz

En el cielo de Ácoma
espiga el canto del Viento Sur
Phoenix y Los Ángeles
Tucson y su mariachi

S e m i l l a s
nietos de una abuela de Texas
y un abuelo de ciudad de México
Hermanitos
        del otro lado
                del Río Bravo

KIVA

A Maricruz Patiño

Espíritu sagrado de la cueva
    ¡danos tu canto!
Espíritu sagrado
    ¡danos tu luz!

Madre Diosa Tlaltecutli
que emerges de la Tierra
    para devorar cadáveres
en tu vientre guardas
el curso de las piedras
    ¡danos tu danza
        y muéstranos
            el camino!

CRUCE

El agua es el ojo de la Tierra

I

Ánimas del Desierto
en la sequedad de la tierra
                        cae la lluvia

cuando llegue la noche
los *mojados* harán de la tormenta
                              su casa

II

Nube roja
        con un parpadeo de gotas
                curas las heridas que deja el sol

En el desierto húmedo de Wilcox
la luna guiará la sombra
                        del migrante

NIÑA CACTUS

A Yazmín Luna

Hermana:
Tú y yo sabemos que mañana la línea fronteriza
atravesará nuestras vidas
que por ti cruzaré el Desierto con sus llagas de sol
la *migra* con sus amenazas de bala
                 y el río de rocas amarillas

Seré Niña Cactus
    Mezquite ardiente   Vaho
       Ojo   Vientre de Luna
          Mujer Cascabel
           Mujer Río
            Mujer
            Guar-
            día-
            na

Hermana:
Tú sabes que cruzaré el Desierto
tan sólo para mirar las estrellas de Phoenix
                        en tus ojos

Ríos de sangre

*Para Ollin Alexis Benhumea (†), quien murió días después
de que le golpeara un petardo de gas lacrimógeno
en la cabeza durante una de las Batallas de Atenco*

I

Al amanecer la policía sitió al pueblo
Un joven bailarín expiró en la pureza de su lucha
    más preciada
Cada vez que alguien muere en manos de sus perseguidores
el mundo se pudre de rabia y de blasfemia

II

Hoy tu recuerdo no es la rabia   es la soledad
es tu familia mirando en el hospital tu cuerpo silenciado
son los separos de la policía poblados de crímenes impunes
las mujeres secuestradas en una ráfaga de violentas sombras
la cobija de los campesinos   quienes piden justicia
y reciben palos y más palos
en la habitación vacía de este país
cuyo viento helado recorre los caminos
                              con sus ríos de sangre

III

Ayer la violencia recorrió la ciudad
                              —dormíamos—
sólo unos cuántos despiertos
                         alcanzaron el llanto

IV

Dios   mira cómo me visten de sangre
Dios   mira cómo me rechinan los dientes

V

Hace más de cinco siglos blandieron los machetes
El aire vino con su vendaval de lamentos
cuando los brazos del joven bailarín
se enlazaron en el duelo que llora el eucalipto
                    de pie frente a su abismo

Con machetes y flores sobrevivirá Atenco.

El amante y la espiga

(Ediciones La Cuadrilla de la Langosta, México, 2005)

La búsqueda, esa inalcanzable búsqueda del verdadero poeta es la que distingue la poesía de Leticia Luna. Su voz alcanza diversas tonalidades según los acontecimientos que la sacudan o la sorprendan… va tenaz tras de su estilo, pelea de una y otra forma con las palabras, ve que éstas se acomoden a su sensibilidad, las doma, las toma entre sus manos, ya el poder es de ella.
    La poesía de la autora tiene un extraordinario manejo de símiles, metáforas e imágenes. Leticia Luna se entrega así, a cumplir su misión, la misión que es otorgada a los auténticos poetas.

ENRIQUETA OCHOA
(Poeta mexicana)

*La Poesía es una santa
laica
liberalmente emputecida
hasta el cansancio*
EFRAÍN
HUERTA

EL AMANTE Y LA ESPIGA

Ponme como un sello sobre tu corazón,
como una marca sobre tu brazo;
porque fuerte es como la muerte el amor...
CANTAR DE LOS CANTARES: 8,6

I

Mi cuerpo es claro, el tuyo oscuro
y en la aromosa claridad nocturna
nuestras lenguas se enlazan
con negritud de día

este deseo que nos invade
viene de ser otros continentes
otros ríos que buscan cauce
hasta llegar al territorio
donde el color de nuestra piel
desaparece y encuentra
esta infinita luz
               que nos traspasa

II

Soy la tierra y tú el ángel
busco cielo y tú costa
eres la tempestad que inaugura mi ser
de mil maneras
nada es más grande que tu vuelo
ni nada más telúrico
que mi carne
               abierta para ti

III

Tiemblo debajo tuyo
como una hoja
cuyo rocío
es tu semen

IV

Tú tienes el deseo entre las manos
me tocas y soy tuya
crepito   como el relámpago estoy viva

soy agua que te sacia
tengo las redondeces de la tierra
la voluptuosidad del río
pero me alejas de este mundo
oscura e invisible

V

Te vi de pronto
como un deslumbramiento
ante la aurora
y reconocí tu piel
como el amanecer reconoce
         la noche que termina

VI

Por qué desconocido
llegas y levantas mi falda
abres mi blusa
y besas mis senos claros
con una furia
tan sólo imaginada
por el ciclón
que arrasa nuestros campos

VII

Pasan los días
y comienzas a decirme
cómo debo llevar el pelo
los labios naturales
las flores por perfume

sigues lamiendo
mi cuerpo de espuma
que provoca tu deseo

VIII

Cuando el manto de la noche
besa los labios de la arena
un aliento de mar
de nubes
de tus manos
surge como navío nuevo

mis labios son una playa
y un verano que germina
tu cuerpo un dios
donde se acuesta el alba

IX

Somos dos animales hambrientos de deseo
Nada es sucio   me dices
mientras cabalgas en mi cuerpo
y la violencia de nuestros sexos enjoyados
florece como espigas

X

El día se nubla
de tanta conmoción temprana
debo olvidar que te llevo
como una espira que trepida

XI

Para besarte es que me escapo
templo sagrado donde la llama oficia
eres azul y rojo como el ardiente cielo
dorado mar:
mañana lloverán semillas
y nuestros cuerpos
florecerán de cantos

Sin pájaros ni madreselvas

A Benjamín Anaya

Pasaré por tu calle como por tu cuerpo
con un poema desnudo de toda enciclopedia

Quién soy yo para nombrar tu claridad
en un amanecer que se sonroja
boca de mirlo con sed y sin abrigo

Para ti no tengo coartada ni gloria ni infinito
no tengo amaneceres ni pájaros ni madreselvas
no tengo avestruces en cuyo vientre acurrucarte

Para ti no hay espinas ni aduanas ni soldados
no hay sombras ni famas ni gorriones
no hay púas ni codornices en el estómago del día
para ti sólo tengo mi vocación de gaviota triste
      mi vuelo
      y voluntad de arena

SOMNUS

Tentada por el polvo sagrado de los sabios
habito entre la madera muerta del bosque
y la tinta de la inspiración-expiración del laberinto.
Sólo Él escribe el kanji de la Eternidad.

Humus

Embalsamado en el lodo de mi conciencia
reposa El Infinito.

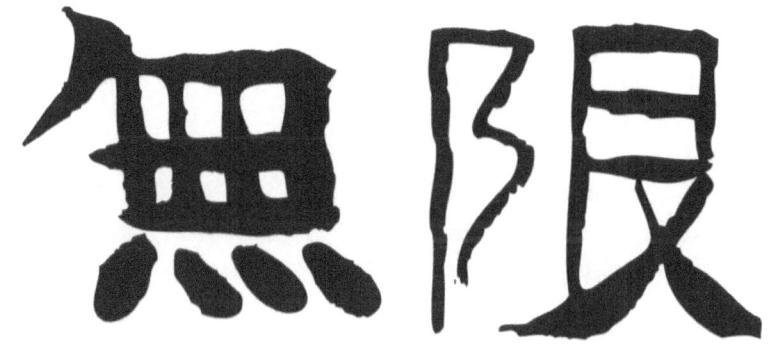

LEVITACIÓN DE LA LENGUA

Porque en nombre de tus labios
Dios habló aquella noche
mi corazón no se lamenta
Porque el ojo del relámpago
también sufrió al enterrar sus llagas
no morirá mi vocación de estrellas

Porque en Babilonia
extraviamos a nuestra Madre
por las calles del mundo
encontré al predicador
lo vi dar de comer a las palomas
pintar lienzos en el rostro de la tarde
y sentir su pulso en el latido de mi voz

Pero su ira grande era
y mi ayuno inmenso
cuando lanzó su profecía:
envainarás tu espada en medio de los hombres
tu lengua se hará paloma
estremecerá los aires
surcará los vientos
y todo aquel que oídos tenga
                    escuche...

Bogotá, Colombia
Julio de 2003

Septiembre negro

> *Yo pisaré las calles nuevamente*
> *de lo que fue Santiago ensangrentado*
> *y en una hermosa plaza liberada*
> *me detendré a llorar por los ausentes.*
> Pablo Milanés

Cuando el terror de un avión
explote en el grito vacío de Las Torres
y la tierra viuda se sacuda el luto
y sólo escombros habiten su vientre
y los cadáveres cuelguen de su apagada voz
una estatua llorará por su pueblo de fieles
                         herida frente al mar

Cuando el enemigo sea una sombra huidiza
y las calles vomiten hijos de variada piel
las estaciones se fugarán del bestial ritmo intacto
        que recorre a la ciudad de corazón herido

En el grito del hierro *más cercano al hueso*
que a la carne sucumbirán las anémonas
el cielo y los vientos verán caer sus alas
y el mundo será una ubre seca
que recordará todas sus lágrimas
todos sus estallidos y todas sus venganzas

Cuando llueve tu poema

A Felipe Granados Madrigal

Hay algo en tu poema
que me hace leerlo antes de dormir
repetirlo al cruzar los parques
y soltarlo por el mundo cuando llueve

cuando llueve
consuela a los enfermos de melancolía
los enamorados suplican
por sus versos húmedos
y los perros lo olfatean
en los charcos sucios
                        de la vieja Roma

hay algo en sus palabras
que me invita a navegar
pero este barco tiene goteras
y no llegará a Paraíso de Cartago
ni podrá hacer frente a los *gansos*
ni a los vendedores de caramelos
                        en la calle de Dolores

Hay algo en tu poema
que nos invita a festejar
aunque esto no sea un hidrofaltante
la laguna sepultada bajo el suelo de México
o la promesa de un diluvio que no llega
hay algo de oración   de vieja plegaria
una burbuja   un tragaluz
la sonrisa de Nick Cave o el gatito de Tino
que me hacen sonreír   y creer que por fin
                              hoy no llueve

El desierto

A Rosalba López

Llegamos a la estación Catorce
después de un concierto de Santana en León
era el año del dragón y tu sonrisa una enciclopedia
leíamos a Simone de Beauvoir
y los duendes efectivamente eran verdes

¡Los duendes y la mezcalina no se llevan!
Exclamaste, cuando en la estación Catorce
encontramos un refugio frío donde pasar la noche
que calentamos con música y fuego de linternas

No valían las explicaciones, tan sólo las metáforas
de dos chicas contándose historias al oído
Tú utilizabas todas las ingenierías para estropearme
—Para que la máquina fuera lo más humana posible—
Buscábamos fiestas donde no existían
pequeñas fantasías que nos hacían cómplices
                                                del amanecer
    Eras como una virgen desnuda
                          y tu llegada un circo

Después del desierto   partimos
a veces regresabas para hablarme de las incandescencias
                                              de la aurora
Hoy mamá ha muerto y nada entendemos
nuestra historia de la estación Catorce
           es una nube
      que sigue perdida en el armario

Hora lunar

(Ediciones La Cuadrilla de la Langosta, México, 1999)

Leticia Luna definitivamente es hija de la Luna… Poeta de las nuevas generaciones le ha perdido el miedo a la palabra y a los pronombres. La primera interrogante que me formulé al leer sus poemas fue *¿qué es el Yo del poeta?*... Es el yo humano, de todos. Pero he aquí que un poema nos revela algo más oculto: en verso, es una revelación para el propio poeta: su libertad de elegir. Y en la poesía de Leticia Luna es un saludable destello erótico.

    La ciudad hace sufrir a esta poeta y no tiene sino la palabra de nuevo para declararse desposeída… Pero el lado oscuro de la Luna, al cumplir su ciclo, fertiliza la emoción y la esperanza al volver a su fuente primigenia: la sabiduría indígena de los pueblos de México, la gran curandera, luna o mujer, recobra el canto de la lengua.

    Hoy, Leticia Luna, sabe que su propio corazón convierte a la poesía en un abismo.

JUAN BAÑUELOS
(Poeta mexicano)

OBSIDIANA

> *Por tener el poder de abrir la carne humana,*
> *la obsidiana tiene igualmente el poder de cerrarla.*
> ADLER GERHARD

Necesitaba alejarme
para ver la impasibilidad
de los volcanes
y gritar a solas
que has sido mío
en el torrente sanguíneo
              de la noche

Estar lejos para saber
si el jugo del deseo
inunda amoroso
el musgo que nace de mi pelvis

Decirle a estos senos míos
que tus besos
han tatuado sus corolas
y de tanta savia
son manjares tersos
        para tu contento

Necesitaba encontrar este riachuelo
que de tan húmedo como tu lengua
me baño en él contigo
en la concha que atrapa a la perla
y llega a ti
con su líquido terrestre
              entre las piernas

En los labios de la luna

> *Las jóvenes también han de aplicarse a estudiar*
> *los Kama Sutra y las artes y ciencias...*
> Kama Sutra

Sueño con tu beso que toca los labios que oprimen mi boca, muerdo el labio inferior, mientras que el superior permanece tranquilo, tus dedos juguetean, producen chasquidos de un beso despierto. Tu abrazo frota mi cuerpo, mis senos hunden tu pecho, te prensan en un muro de sábanas claras.

El enlazamiento del reptil o el abrazo de leche y agua

Con tu abrazo de muslos me haces cien presiones sonoras. De pie, nos enredamos a tu tronco de árbol duro. Sonidos de látigo y latido, de caballos galopantes y de toros en brama. Una línea de mordiscos alrededor de tu ombligo, en las pequeñas cavidades de tus nalgas y en las junturas de tus muslos. Pecho de garra de tigre, cuello de media luna, bocado de jabalí, de coral y de joya, pata de pavo real en vuelo.

    La hoja de loto azul se abre, eres liebre electrizada, oh, daga divina. Ven a tocar la hendidura de bambú. Ven con ímpetu y ahínco. Ven a la cueva del cangrejo y únete, cual manada de toros persigue a un rebaño de ciervas, convertido en los muchos seres que eres, deja que se gocen uno después de otro: uno me sujeta, otro me perfora, un tercero se adueña de mi boca, un cuarto se apodera de mi vientre.

    La hendidura de bambú te oprime, quema, se baña en tus ríos y praderas, muerde ese punto rojo donde eres carne y yo soy carne, fuego, yo madera, agua y floresta. Un sonido lloroso emerge al azotar con pasión mi piel, con la palma de la mano, con el puño de tus muslos, con tu sangre y mi sangre derramada en los cuerpos.

    La poeta le de vuelta a la hoja del libro antiguo y en los labios de la luna muere para renacer en la piel del astro, serpiente, viento y águila.

Mextitla (Lugar donde nace la luna)

Las hijas de la luna

A las lunátikas

Las hijas de la Luna
viajamos de piel en piel
      de pez en pez
de magia
en consumado hechizo

En las alcobas de la luna
      sueñan las chavas punks
      duermen las vírgenes
      y navegan las sirenas
      acompañando los navíos
de las noches ebrias

Desde las azoteas
      las concubinas huelen los versos de sus amantes
      convertidas en musas terrenales durante el ángelus

Las hijas de la luna somos mujeres cálidas
terrestres
leopardas
vagando por Wirikuta

Luna llena
que bañas de plata a los jaguares
      Ojo de mar   de mar de luna
      de rayos de solsticio y sal

¡Celebración de la lengua!
      en la piel del astro
      la fiesta india
      es el papel amate de mi cielo

Perla y jade

La mujer dice   el tiempo se ha apagado
El hombre   intenta conciliar el sueño
La mujer   pone cara de reloj descompuesto
El hombre   se apresura a componerla
La mujer   cree que es una flor y se marchita
El hombre   le da una cerveza por el tallo
La mujer   llora una lluvia de estrellas sobre el frutero
El hombre   se las come hambriento
La mujer   canta mariposas
El hombre   abre la ventana para verlas volar
La mujer   trae a casa un oso y un delfín para ver morir la luna
El hombre   aúlla sin convertirse en lobo
La mujer   va a la playa y regresa
Al hombre   le han crecido dos ramas
La mujer   tiene un girasol en la mirada
El hombre   es una guitarra azul
La mujer   va a un mitin
El hombre   siempre ha estado ahí
La mujer   resbala por el índice del Tiempo
El hombre   la atrapa en el pulgar del Cielo
La mujer   ronronea
El hombre   lame
La mujer   da a luz una Letra
El hombre   se llena de gozo

La letra balbucea y se convierte en música
se alza y ya es una palabra
Pronto será un texto vivo

JADE Y PERLA

Pronto será un texto vivo
se alza y ya es una palabra
La letra balbucea y se convierte en música

La mujer	se llena de gozo
El hombre	da a luz una Letra
La mujer	lame
El hombre	ronronea
La mujer	lo atrapa en el pulgar del Cielo
El hombre	resbala por el índice del Tiempo
La mujer	siempre ha estado ahí
El hombre	va a un mitin
La mujer	es una guitarra azul
El hombre	tiene un girasol en la mirada
A la mujer	le han crecido dos ramas
El hombre	va a la playa y regresa
La mujer	aúlla sin convertirse en lobo
El hombre	trae a casa un oso y un delfín para ver morir la luna
La mujer	abre la ventana para verlos volar
El hombre	canta mariposas
La mujer	se las come hambrienta
El hombre	llora una lluvia de estrellas sobre el frutero
La mujer	le da una cerveza por el tallo
El hombre	cree que es una flor y se marchita
La mujer	se apresura a componerlo
El hombre	pone cara de reloj descompuesto
La mujer	intenta conciliar el sueño
El hombre dice	el tiempo se ha apagado

SEMILLA

A mi abuela Francisca Rojas

Vengo del canto del colibrí
de la sangre olorosa del volcán
canta el arriero a su paso con las bestias

Las vías del tren
los días fríos de Tlaxcala
con los volcanes taciturnos e impecables

Soy un camino de oyameles
una gota de tiempo
un grito perdido en el maguey
un aliento de yegua en brama

Nostalgia de la lluvia
de las flores la estación
y las lágrimas del sauce

BOTÓN DE LLUVIA

A las niñas de la calle

I

Los desplazados desfilan
por tu memoria de patria pobre
y despojada
los muertos se levantan
no han sido enterrados

II

Araceli dormirá esta noche
de lluvia en la Alameda
tiene una alcantarilla en la mirada
un vidrio roto en el corazón
sus días son el rocío seco de hojas callejeras
exhalaciones fétidas de la ciudad amortajada

Gritos
sangre
lluvia de piedras
el miedo es un dolor agudo
un ansia de quitarse de encima
   la persecución

Araceli es un botón de lluvia
            que cae en el baldío
y sobrevive mil noches
de luna en el abismo

La caída

A mi amigo, Arturo Souza ╬

No volveremos nunca
a ver la caída de la estrella en el charco
a caminar los desiertos de luna
con el Sueño que nos enlazó el ombligo

No se verán más lágrimas
en el dolor del cementerio
que ve partir a los amigos

No más el polvo del eucalipto y el ciprés
cubriendo el Tercer Mundo
con su estela de hojas
en el camino
en las piedras rodantes
en las canciones de amor
y en los Cien años de Macondo

Las tardes tranquilas devoran libros
de la Biblioteca Universal Circulante
e iluminan anárquicas miradas
al amparo del hongo rosa de la fiesta

Para extrañarlo todo
la foto de Elisa en el póster de la universidad
los poemas de Wirikuta
las canciones de Paraíso
el manifiesto Pacheco
la expedición a Tamazunchale
para buscar al unicornio
y las manos alzadas en los mítines

Las pintas en las bardas de la ciudad
los conciertos de rock
las enseñanzas de Burroughs
y las etílicas madrugadas de lucidez
                            para el poema

El llanto de luciérnagas
el día de tu muerte
la voz de Patti Smith
la inocencia perdida del suicidio
y el paradigma de Jesús
en la cripta 33 del ciprés y el eucalipto

No volveremos nunca
a ver la caída de la estrella
en el vaso de cerveza
pues la soga ha quedado vacía
y nuestros cuerpos mueren
en esta tarde ebria
donde la tristura
cobra con creces los cien años de Lolita
quien espera en la llegada de la aurora
la canción más íntima
o los ladridos de los perros
que anuncien la próxima partida

No volveremos juntos
a ver la caída de la estrella
                      en el charco.

                                      Ciudad de México, 1999

Acerca de la autora

Leticia Luna. Nació en la Ciudad de México, en 1965. Poeta, editora y académica. Doctorante en Literatura Hispanoamericana, por la BUAP. Ha publicado los libros de poesía: *Hora lunar* (Ediciones La Cuadrilla de la Langosta, 1999), *Desde el oasis* (e.a., 2000), *El amante y la espiga* (La Cuadrilla de la Langosta, 2005), *Los días heridos* (400 Elefantes, Nicaragua, 2007. Premio Internacional Caza de Poesía "Moradalsur", Los Ángeles, California, 2008), *Wounded days and other poems* (Unopress, University New Orleans, 2010), *Fuego Azul. Poemas 1999-2014* (Índole Editores, San Salvador, 2014), *La canción del alba* (Parentalia, 2018). Fue incluida en el libro colectivo: *Lengüerío. Poetas del poemuralismo* (Ediciones El lirio, 2018) y *En la memoria azul del agua* (Desliz Ediciones, 2024), entre otros.

Obra suya ha sido traducida al inglés, portugués, italiano, francés, catalán, árabe y polaco. Es coautora de diversas antologías. Ha participado en lecturas, festivales y ferias del libro de 25 países de América, Europa, África y Asia. En 2013 realizó la Residencia Artística Letras, Granada, España, del FONCA-CONACyT. Fue asesora del Festival Internacional de Poesía Ramón López Velarde, de la Universidad Autónoma de Zacatecas.

Fue directora de la Coordinación Nacional de Literatura, del Instituto Nacional de Bellas Artes y Literatura, de México. En 2023, recibió la Medalla Excelencia en las Artes (Poesía), por la Asociación para las Bellas Artes de Ciudad Obregón, Sonora. En 2024 recibió el Homenaje Internacional a Escritoras Contemporáneas, por el Centro de Investigaciones Culturales y Artísticas de Chiapas /Seminario de Cultura Méxicana /Sur México, así como el Reconocimiento Letras del Mundo, del Círculo Internacional de Escritores y el Reconocimiento a su Trayectoria Literaria por la Fundación Iberomericana para las Artes, del Perú. Actualmente es directora de la Casa Marie José y Octavio Paz.

Portada / pg. 9, 72
Impulso azul (2013)
Tela sobre panel, mixta de pigmentos,
pintura acrílica, tinta de serigrafía
y resina

pg.18
Paquete del sueño (2010)
Tela sobre panel

pg. 28
Tras la lluvia (2024)
Tela sobre panel, mixta de pigmentos,
pintura acrílica, tinta de serigrafía
y resina

pg. 38
Trama (2010)
Mixta de pigmentos, pintura acrílica,
tinta de setigrafía, papel y resina

pg. 52, 96
Lila (2013)
Tela sobre panel,
mixta de pigmentos, pintura acrílica,
tinta de setigrafía y resina

pg. 112
Lluvia en el octubre (2024)
Tela sobre panel,
mixta de pigmentos, pintura acrílica,
tinta de setigrafía y resina

Acerca del artista

Katzumi Kurosaki (Niigata, Japón, 1953). Desde 1991 vive y trabaja en México. Estudió arquitectura en Niigata y luego dibujo, acuarela, pintura al acrílico y al óleo en la escuela Setsu Modo en Tokio. En el extremo opuesto del formalismo se encuentra la actitud de Katsumi Kurosaki sintetizando superficies rectangulares en áreas uniformes de color texturado dominadas por una innata belleza.

En sus obras, la presencia de lo natural es constante, aunque no bajo una mirada naturalista. Se manifiesta como una proyección de la naturaleza interior en el camino del artista. Cada pieza ofrece un punto de vista singular y convoca la participación activa del espectador, invitado a adentrarse en su atmósfera.

El artista propone una fusión con el universo a la que se refería Motherwell y en la que, en su momento, participó Mark Rothko con un estilo geométrico sensible, y que hoy continúan Robert Ryman, Agnes Martin y Sean Scully.

En 2013, Katsumi Kurosaki fundó la Galería Casa de la Nube, junto con la escritora Isolda Dosamantes.

Su obra ha sido expuesta de forma individual en México y Canadá, y ha participado en múltiples exposiciones colectivas en México y Japón.

Ramón Almeda

ÍNDICE

El instante y la eternidad
Antología personal
(1999-2025)

OBERTURA
Revelaciones en el lago Titikaka · 15

EN LA MEMORIA AZUL DEL AGUA
Río Buregreg · 21
Pétalos de azahar · 23
En la ciudad bañada por dos aguas · 25
Agua sobre jardín de plata · 26

LA CANCIÓN DEL ALBA
La canción del alba · 33

LOS MOTIVOS DEL TIEMPO (POEMURAL)
Los motivos del tiempo (Poemural) · 41

FUEGO AZUL. POEMAS 1999-2014
Geografía de la ausencia · 55
Tequila doble · 58
Vieja habana · 60
Ciudad amate · 61
Declinación de la aurora · 63
Xólotl · 64
Habitación de la palabra · 66
Meditación bajo la lluvia · 67
Ciudad de México 12:00 p.m. · 68
Fuegos artificiales · 69
La constelación de scorpio · 70
Concierto de rock · 71

LOS DÍAS HERIDOS

Los días heridos · 75
Caracol de azogue · 83
Fotografías · 84
En los pies de la nostalgia · 85
Conmoción del verbo · 86
Del resplandor y su estampida · 87
Desierto de Arizona · 90
Apache mountain · 91
Kiva · 92
Cruce · 93
Niña cactus · 94
Ríos de sangre · 95

EL AMANTE Y LA ESPIGA

El amante y la espiga · 101
Sin pájaros ni madreselvas · 105
Somnus · 106
Humus · 107
Levitación de la lengua · 108
Septiembre negro · 109
Cuando llueve tu poema · 110
El desierto · 111

HORA LUNAR

Obsidiana · 115
En los labios de la luna · 116
Las hijas de la luna · 117
Perla y jade · 118
Jade y perla · 119
Semilla · 120
Botón de lluvia · 121
La caída · 122

Acerca de la autora · 127
Acerca del artista · 129

STONE OF MADNESS COLLECTION
COLECCIÓN PIEDRA DE LA LOCURA
Personal Anthologies
(Homage to Alejandra Pizarnik)

1
Colección Particular
Juan Carlos Olivas (Costa Rica)

2
Kafka en la aldea de la hipnosis
Javier Alvarado (Panamá)

3
Memoria incendiada
Homero Carvalho Oliva (Bolivia)

4
Ritual de la memoria
Waldo Leyva (Cuba)

5
Poemas del reencuentro
Julieta Dobles (Costa Rica)

6
El fuego azul de los inviernos
Xavier Oquendo Troncoso (Ecuador)

7
Hipótesis del sueño
Miguel Falquez Certain (Colombia)

8
Una brisa, una vez
Ricardo Yáñez (México)

9
Sumario de los ciegos
Francisco Trejo (México)

10
A cada bosque sus hojas al viento
Hugo Mujica (Argentina)

11
Espuma rota
María Palitachi a.k.a.Farazdel (Dominican Rep.)

12
Poemas selectos / Selected Poems
Óscar Hahn (Chile)

13
Los caballos del miedo / The Horses of Fear
Enrique Solinas (Argentina)

14
Del susurro al rugido
Manuel Adrián López (Cuba)

15
Los muslos sobre la grama
Miguel Ángel Zapata (Perú)

16
El árbol es un pueblo con alas
Omar Ortiz (Colombia)

17
Demasiado cristal para esta piedra
Rafael Soler (España)

18
Sobre la tierra
Carmen Nozal (España/México)

19
Trofeos de caza
Alfredo Pérez Alencart (Perú/España)

20
Fax Teatro Te Quiero
Telmo Herrera (Ecuador/Francia)

21
Ceguera, allí estarás
Jeannette L. Clariond (México)

22
El sitio donde muere mi lágrima
Luissiana Naranjo (Costa Rica)

23
En la línea del tiempo
Héctor Berenguer (Argentina)

24
El instante y la eternidad
Leticia Luna (México)

Collections

Poetry

ADJOINING WALL
PARED CONTIGUA
Spaniard Poetry
Homage to María Victoria Atencia (Spain)

BARRACKS
CUARTEL
Awards Winning Works
Homage to Clemencia Tariffa (Colombia)

BORDERLANDS
LA FRONTERA
Experimental Poetry (Hybrid)
Homage to Sylvia Plath (U.S.A.)

CROSSING WATERS
CRUZANDO EL AGUA
Poetry in Translation (English to Spanish)
Homage to Sylvia Plath (United States)

Dream Eve
Víspera del sueño
Hispanic American Poetry in USA
Homage to Aida Cartagena Portalatin (Dominican Republic)

Feverish Memory
Memoria de la fiebre
Feminist Poetry
Homage to Carilda Oliver Labra (Cuba)

Fire's Journey
Tránsito de fuego
Central American and Mexican Poetry
Homage to Eunice Odio (Costa Rica)

Into My Garden
English Poetry
Homage to Emily Dickinson (United States)

Lips on Fire
Labios en llamas
Opera Prima
Homage to Lydia Dávila (Ecuador)

Live Fire
Vivo fuego
Essential Ibero American Poetry
Homage to Concha Urquiza (Mexico)

Reverse Kingdom
Reino del revés
Children's Poetry
Homage to María Elena Walsh (Argentina)

Children's Literature

KNITTING THE ROUND
TEJER LA RONDA
Homage to Victoria Ocampo (Chile)

Fiction

INCENDIARY
INCENDIARIO
Homage to Beatriz Guido (Argentina)

Drama

MOVING
MUDANZA
Homage to Elena Garro (México)

Essay

SOUTH
SUR
Homage to Victoria Ocampo (Argentina)

Non Fiction

BREAK-UP
DESARTICULACIONES
Homage to Silvia Molloy (Argentina)

For those who, like Alejandra Pizarnik, evoke their madness and even wish to extract it as if it were a stone, their only privilege, this book was published in July 2025 in New York City by Nueva York Poetry as part of the *Piedra de la Locura* Collection, as a tribute to her, in the United States of America.

www.ingramcontent.com/pod-product-compliance
Lightning Source LLC
Chambersburg PA
CBHW020333170426
43200CB00006B/374